El desván de Beatriz

por Debbie Shapiro
ilustrado por Dona Turner

Orlando Boston Dallas Chicago San Diego

Visita *The Learning Site*
www.harcourtschool.com

Beatriz estaba triste. Hoy no tenía con quien jugar. ¡No hay nada que hacer cuando llueve!

—¡Ya sé! Voy a subir al desván —exclamó—. En el desván siempre hay alguna sorpresa. Eso me distraerá.

Beatriz abrió la puerta con cuidado. El desván estaba oscuro. Dentro había muchas cosas apiladas en gran desorden.

—¡Cuántas cosas! —dijo
Beatriz más animada—.
Voy a husmear un poco.
Primero miró en un arcón.

Después abrió una caja donde
encontró unas muñecas.
"Deben ser de Mamá"
pensó Beatriz.

Beatriz vio una bicicleta.
—¡Qué bien! —exclamó—.
Luego iré a pasear.
También había patines
y pelotas.

En una bonita caja encontró muchas fotos de sus abuelitos. A Beatriz le encanta ojear fotos de su familia.

Entonces fue cuando vio un osito de peluche. ¡Era de su papá cuando era pequeño! Tenía un gran lazo azul.

Beatriz ya había encontrado lo que buscaba. ¡Algo especial! Tomó al osito y volvió abajo.

—Mamá, mira lo que encontré mientras husmeaba en el desván —dijo Beatriz—. Y los dos tenemos hambre.

Por la noche se fue a dormir con su nuevo osito. "Es un osito realmente especial" pensó Beatriz muy contenta.